线装国学馆

线装国学馆

道德经

春秋 老子 原著

线装国学馆编委会 编

全四卷◎第一卷

中国画报出版社
CHINA PICTORIAL PRESS

图书在版编目(ＣＩＰ)数据

道德经 /《线装国学馆》编委会编. -- 北京 : 中国画报出版社, 2022.1
（线装国学馆）
ISBN 978-7-5146-1624-8

Ⅰ. ①道… Ⅱ. ①线… Ⅲ. ①道家②《道德经》-注释③《道德经》-译文 Ⅳ. ①B223.1

中国版本图书馆 CIP 数据核字(2018)第 109795 号

线装国学馆·道德经
〔春秋〕老子　原著　《线装国学馆》编委会　编

出 版 人：于九涛
责任编辑：郭翠青
责任印制：焦　洋

出版发行：中国画报出版社
地　　址：北京市海淀区车公庄西路 33 号　　邮编：100048
发 行 部：010-88417438　010-68414683（传真）
总编室兼传真：010-88417359　版权部：010-88417359

开　　本：16 开（889mm × 1194mm）
印　　张：40
字　　数：218 千字
版　　次：2022 年 1 月第 1 版　2022 年 1 月第 1 次印刷
印　　刷：北京汇瑞嘉合文化发展有限公司
书　　号：ISBN 978-7-5146-1624-8
定　　价：198.00 元（全四卷）

道德经

道德经

线装国学馆

道德经

第一卷

目录

道德经

道德经

目录

老子列传

老子者，楚苦县厉乡曲仁里人也，姓李氏，名耳，字聃，周守藏室之史也。

孔子适周，将问礼于老子。老子曰：『子所言者，其人与骨皆已朽矣，独其言在耳。且君子得其时则驾，不得其时则蓬累而行。吾闻之，良贾深藏若虚，君子盛德，容貌若愚。去子之骄气与多欲，态色与淫志，是皆无益于子之身。吾所以告子，若是而已。』孔子去，谓弟子曰：『鸟，吾知其能飞；鱼，吾知其能游；兽，吾知其能走。走者可以为罔，游者可以为纶，飞者可以为矰。至于龙，吾不能知，其乘风云而上天。吾今日见老子，其犹龙邪！』

老子修道德，其学以自隐无名为务。居周久之，见周之衰，乃遂去。至关，关令尹喜曰：『子将隐矣，强为我著书。』于是老子乃著书上下篇，言道德之意五千余言而去，莫知其所终。

或曰：老莱子亦楚人也，著书十五篇，言道家之用，与孔子同时云。盖老子百有六十余岁，或言二百余岁，以其修道而养寿也。

自孔子死之后百二十九年，而史记周太史儋见秦献公曰：『始秦与周合，合五百岁而离，离七十岁而霸王者出焉。』或曰儋即老子，或曰非也，世莫知其然否。老子，隐君子也。

老子之子名宗，宗为魏将，封于段干。宗子注，注子宫，宫玄孙假，假仕于汉孝文帝。而假之子解为胶西王卬太傅，因家于齐焉。

世之学老子者则绌儒学，儒学亦绌老子。『道不同，不相为谋』，岂谓是邪？李耳无为自化，清静自正。（节选自《史记·老子韩非列传》）

【译文】

老子是楚国苦县厉乡曲仁里人。姓李，名耳，字聃，做过周朝掌管藏书室的史官。

孔子前往周都，想向老子请教礼的学问。老子说：『你所说的礼，倡导它的人骨头都已经腐烂了，只有他的言论还在。况且君子时运来了，就驾着车出去做官，生不逢时，就像蓬草一样随风飘转。我听说，善于经商的人把货物隐藏起来，好像什么东西也没有，君子具有高尚的品德，他的容貌好像很愚钝。抛弃您的骄气和过多的欲望，抛弃您做作的情态神色和过大的志向，这些对于您自身都是没有好处的。我能告诉您的，就这些罢了。』孔子离去以后，对弟子们说：『鸟，我知道它能飞；鱼，我知道它能游；兽，我知道它能跑。会跑的可以织网捕获它，会游的可制成丝线去钓它，会飞的可以用箭去射它。至于龙，我就不知道了，它能驾着风而飞腾升天。我今天见到的老子，大概就像龙一样吧！』

老子研究道德学问，他的学说以隐匿声迹、不求闻达为宗旨。他在周都住了很久，见周朝衰微了，于是就离开周都。到了函谷关，关令尹喜对他说：『您就要隐居了，请求您为我们写一本书吧。』于是老子就撰写了一本书，分上下两篇，阐述了道德的本意，共五千多字，然后才离去，没有人知道他的下落。

有的人说：老莱子也是楚国人，著书十五篇，阐述的是道家的作用，和孔子是同一个时

代的人。据说老子活了一百六十多岁，也有的人说他活了二百多岁，这是因为他能修道养心而长寿的啊。

孔子死后一百二十九年，史书记载周太史儋会见秦献公时，曾预言说：『当初秦国与周朝合并在一起，合了五百年又分开了，分开七十年之后，就会有称霸称王的人出现。』有的人说太史儋就是老子，也有的人说不是，世上没有人知道哪种说法正确。总之，老子是一位隐君子。

老子的儿子叫李宗，做过魏国的将军，封地在段干。李宗的儿子叫李注，李注的儿子叫李宫，李宫的玄孙叫李假，李假在汉文帝时做过官。而李假的儿子李解担任过胶西王刘印的太傅，因此，李氏就定居在齐地。

社会上信奉老子学说的人就贬斥儒学，信奉儒家学说的人也贬斥老子学说。『主张不同的人，彼此说不到一块儿去』，难道就是说的这种情况吗？老子认为，无为而治，百姓自然趋于『化』；清静不挠，百姓自然会归于『正』。

第一章

道①可道②，非常道③；名④可名⑤，非常名⑥。无，名天地之始⑦；有，名万物之母⑧。故常无，欲以观其⑨妙；常有，欲以观其徼⑩。此两者，同出而异名⑪，同谓之玄⑫。玄之又玄，众妙之门⑬。

【注释】

①道：道理。

②道：言说、表述。

③常：永恒，一说普通的，一作「恒」。道：指宇宙的本原和实质。

④名：名称。

⑤名：称谓、说明。

⑥名：前文所说「常道」之「道」的名称。

⑦无，名天地之始：此句句读一作「无名，天地之始」。「无名」作「无形」解。

⑧有，名万物之母：此句句读一作「有名，万物之母」。「有名」作「有形」解。母，根源。

⑨其：指前文「常道」之「道」。

⑩徼：边际、边界，指端倪。

⑪此两者，同出而异名：一作「两者同出，异名同谓」。此两者，指前文「无」与「有」。

⑫玄：深奥幽远。

⑬众妙之门：一切奥妙的门径。

【译文】

「道」如果可以用言语表述，就不是「常道」；「名」如果可以用文辞命名，就不是「常名」。

「无」，用来表述天地的本始；「有」，用来表述万物的根源。

因此，常从「无」中，去观察「道」的奥妙；常从「有」中，去观察「道」的端倪。

「无」与「有」这两者，来源相同而名称不同，都可以称为深奥幽远。深奥幽远又深奥幽远，是一切奥妙的门径。

【解读】

本章提出了「道」「无」「有」三个概念。

「道」是老子哲学的一个核心的范畴，含义较为丰富。本章说明，「道」具有不可言说的特性，还是天地万物的根源。

在老子一书中，「道」具有数种含义：一是构成宇宙的元素，二是创造宇宙的动力，三是促使天地万物运转的规律，四是人类行为的最高准则。

「无」与「有」是「道」的特点。「无」并不是指没有，而是指「道」的无形。「有」是「道」表现出有形的状态，是万物。从「无」到「有」，作为核心范畴的「道」，与万物联系在一起，构成一个整体。

第二章

天下皆知美之为美，斯①恶②已③；皆知善之为善，斯不善已。

有无相生④，难易相成⑤，长短相形⑥，高下相盈⑦，音声⑩相和，前后相随⑪。

是以圣人⑫处⑬无为⑭之事，行不言⑮之教；万物作而不为始⑯，生而不有，为而不恃⑰，功成而弗居。夫唯弗居，是以不去⑱。

【注释】

①斯：这。

②恶：丑。

③已：同『矣』。一作『矣』。

④有无相生：一作『故有无相生』。此处『有』『无』的意思与第一章不同。有，指具体的事物。无，指具体事物中的虚空部分，例如容器中空虚的部分。生，生成。

⑤成：促进，成就。

⑥形：显现。一作『刑』，一作『较』。

⑦盈：充实，补充，依存。

⑩音声：音乐，人声。一说『音』为乐器合奏的声音，『声』为单一乐器演奏的声音。

⑪有版本在『前后相随』后有『恒也』二字。

⑫圣人：有道的人。与儒家所说的『圣人』含义不同。不过，两者都可理解为最高层次的典范人物。

⑬处：一作『居』。

⑭无为：顺应自然，不干涉、不妄为。

⑮言：政教号令。

⑯万物作而不为始：一作『万物作焉而不为始』，一作『万物作焉而不辞』。作，兴起。始，干涉。

⑰生而不有，为而不恃：一作『生而弗有，为而弗恃』。生，生养。有，占据。为，培育。恃，依赖，指自以为有能力；一作『志』。

⑱去：去除，消失。

【译文】

天下都知道美之所以成为美，这就产生了丑；都知道道善之所以成为善，这就产生了恶。

有和无互相生成，难和易互相促进，长和短互相显现，高和下互相充实，音与声互相应和，前和后互相跟随。

因此，有道的人用『无为』的态度处理世事，用『不言』的方式施行教化：万物自然兴起而不加干涉，生养万物而不占有，抚育万物而不自恃有功，功业成就而不自我夸耀。正是不自我夸耀，所以功业就不会消失。

【解读】

本章阐述了万物相互依存、对立转化的关系，并提出了『无为』的概念。

老子认为万物相互依存、对立转化，体现了朴素的辩证法思想。这也是『道』的内涵之一。

既然万物相互依存、对立转化，就应该用『无为』的方式去处理。『无为』并不是没有作为，而是顺应自然，不横加干涉。它也是老子思想中最有影响力的概念之一。

第三章

不尚贤①，使民不争②；不贵③难得之货④，使民不为盗；不见⑤可欲⑥，使民心⑦不乱。是以圣人之治，虚其心⑧，实其腹，弱其志⑨，强其骨。常使民无知无欲⑩。使夫智者不敢为也。为无为，则无不治⑪。

【注释】

①尚贤：尊崇有才德的人。尚，崇尚、尊崇。

②争：指争夺功名。

③贵：以之为贵，即重视、珍惜。

④货：财物。

⑤见：同『现』，炫耀。

⑥可欲：引起贪欲，指引起贪欲的事物。

⑦心：有版本无此字。

⑧虚其心：一说使人的心灵开阔。虚，指心灵宁静，没有私欲与忧虑。一说使百姓没有心机。虚，空虚、无私无欲。今从前说。

⑨弱其志：使人意志柔韧。一说削弱百姓竞争的意志。

⑩无知无欲：指没有欺诈的心智，没有谋私的贪欲。知，同『智』。

⑪使夫智者不敢为也。为无为，则无不治：一作『使知者不敢。为无为，则无不治』。一作『使知者不敢，弗为而已，则无不治』。

【译文】

不尊崇有才德的人，使百姓不争夺功名；不珍惜难得的财物，使百姓不做偷窃的事；不炫耀引起贪欲的事物，使百姓的心不迷乱。

因此，有道的人对政事的治理，使人的心灵开阔，填饱人的肚腹，使人的意志柔韧，增强人的筋骨体魄。经常使百姓没有欺诈的心智，没有谋私的贪欲。使有才智的人不敢妄为。按照『无为』的原则做，天下就不会得不到治理。

【解读】

本章提出了『不尚贤』『使民无知无欲』的观点。

为何『不尚贤』？因为『尚贤』使人充满贪欲，互相争夺，从而导致社会混乱与动荡。所以解决的办法是，从『不尚贤』开始，让人心灵开阔，填饱肚腹，意志柔韧，身体强健，消除欺诈与贪欲，就可以顺应自然，做到无为而治。

本章在前章提出『无为』概念的基础上，继续延伸论述，也是对前章的呼应。

第四章

道冲①而用之或不盈②。渊③兮，似万物之宗④。挫其锐，解其纷，和其光，同其尘⑤。湛⑥兮，似或存⑦。吾不知谁之子⑧，象帝之先⑨。

【注释】

①冲：同『盅』，器物空虚，指虚空。

②不盈：不满，此处指无尽、无穷。

③渊：深远。

④宗：源头。

⑤挫其锐，解其纷，和其光，同其尘：此句见于第五十六章，似为衍文，与本章无关。一说指道的属性。解，消解、解除。纷，纷扰。和，调和。光，光芒。同，混同。尘，尘世、尘俗。

⑥湛：沉，指隐没不见，即无形，与下文『存』对应。

⑦存：存在。

⑧子：指后代。

⑨象帝之先：好像是天帝的祖先。象，好像、似乎，一说称呼。

【译文】

道虚空无形，但使用它或许无穷无尽。它深远啊，好像是万物的源头。消磨它的锋锐，消除它的纷扰，调和它的光芒，混同于尘俗。它隐没不见啊，好像又存在。我不知道它是谁的后代，好像是天帝的祖先。

【解读】

本章阐述道若有若无、无形无象，但作用却无穷无尽。

道无限深远，好像是万物的源头，又好像是天帝的祖先。这就是说，道生成了万物、天帝，与天帝创造万物的观点截然不同。有的研究者认为，这是老子无神论思想的表现。

第五章

天地不仁①，以万物为刍狗②；圣人不仁，以百姓为刍狗。天地之间，其犹橐龠③乎？虚而不屈④，动而愈出⑤。

多言⑥数穷⑦，不如守中⑧。

【注释】

①仁：此处指偏爱。

②刍狗：用草扎成的狗。古时祭祀时使用它，祭祀完毕后即丢弃或焚毁。此处比喻自生自灭。

③橐龠：风箱，古时冶炼铸造时用于鼓风的器具。

④屈：竭尽，穷尽。

⑤出：出风，比喻生生不息。

⑥多言：政教号令繁多。

⑦数穷：加速灭亡。数，同『速』。

⑧守中：保持内心虚无清净。中，指内心的虚无清净，与儒家所言『中』不同。一说中同『冲』，亦通。

【译文】

天地没有偏爱，把万事万物当作刍狗一样，任凭它们自生自灭；有道的人没有偏爱，把百姓当作刍狗一样，任凭他们自然发展。

天和地的中间，岂不像风箱一样吗？它空虚而不穷尽，发动起来，风就越来越多，生生不息。

政教号令繁多，就会加速灭亡，不如保持内心虚无清净。

【解读】

本章提出天地不仁、天地虚空的观点。

天地不仁，指天地没有偏爱，即无私。既然天地无私，那么就能做到无为，即天地间人和万事万物都能按照各自的规律自然发展。

天地虚空，亦和无为相关。虚空不意味一无所有、一无所用。它就像风箱一样，只要运行，就会生生不息。

因此，如果违反无为，即『多言』，就会加速灭亡。

第六章

谷神[1]不死[2]，是谓玄牝[3]。玄牝之门，是谓天地根。绵绵[4]若存[5]，用之不勤[6]。

【注释】

①谷神：一说虚空变化。谷，虚空。神，不测的变化。一说生养之神，指道。今从前说。

②死：指穷尽。

③玄牝：微妙的母性。牝，雌性的鸟兽，此处用于比喻孕育、生养万物的道。

④绵绵：连绵不绝。

⑤若存：存在，但是看不见。

⑥勤：尽。

【译文】

虚空变化无穷无尽，这就是微妙的母性。微妙的母性之门，就是天地的根源。它连绵不绝，存在着却看不见，作用无穷无尽。

【解读】

本章阐述道的特征，既虚空幽深，又变化莫测、无穷无尽；既存而不见，又孕育、生养着万物，生生不息。

第七章

天长地久。天地所以能长且久者，以①其不自生②，故能长生。

是以圣人后其身而身先③，外④其身而身存。

非以其无私邪？故能成其私⑤。

【注释】

①以：因为。

②自生：为自己而生存。

③后其身而身先：自己谦让，反而得到尊敬。后，放在后面，指谦让，一作『退』。其，指前文的圣人。先，领先，指受尊敬。

④外：放在外面，指置之度外。

⑤成其私：成就他自己。

【译文】

天长地久。天地之所以能长而且久，是因为它们不为自己而生存，所以能够长久地生存。

因此，有道的人自己谦让，反而得到尊敬；把自己置之度外，反而能得到生存。这不正是因为他没有自私吗？所以能成就他自己。

【解读】

本章提出无私的观点。

天地无私，不为自己而生存，故能长久地生存。有道的人无私，不为自己谋私，所以能成就自身。

无私而最终『成其私』，也体现了对立双方互相转化的辩证法思想。

第八章

上善①若水。水善利万物而不争，处众人之所恶②，故几③于道。居善地④，心善渊⑤，与⑥善仁，言善信，政善治⑦，事善能⑧，动善时⑨。夫唯不争，故无尤⑩。

【注释】

①上善：最善的人。上，最。

②所恶：所恶之处，所厌恶的地方。

③几：近，接近。

④居善地：居处善于选择地方。善，善于。

⑤渊：沉静，深沉。

⑥与：交往。

⑦政善治：治理国家善于取得安定。政，一作『正』，同。

⑧能：发挥能力。

⑨时：把握时机。

⑩尤：埋怨责备。

【译文】

最善的人像水一样。水善于滋润万物却不与万物争夺，居处在众人所厌恶的地方，因此最接近于道。居处善于选择地方，心胸善于保持沉静深沉，交往善于真诚友爱，说话善于遵守信用，治理国家善于取得安定，处事善于发挥能力，行动善于把握时机。只因不争夺，所以没有埋怨责备。

【解读】

本章以水比喻上善者，提出『善利万物而不争』的观点。

水柔，滋润万物而不与万物争夺。这与老子心目中的上善者一致。处世之中，只有做到不争夺，内心才能不出现埋怨责备，从而保持宁静。

孔子也有以水喻君子之说，可比较阅读。

荀子·宥坐曰：『孔子观于东流之水。子贡问于孔子曰：「君子之所以见大水必观焉者是何？」孔子曰：「夫水，大遍与诸生而无为也，似德。其流也埤下，裾拘必循其理，似义。其洸洸乎不淈尽，似道。若有决行之，其应佚若声响，其赴百仞之谷不惧，似勇。主量必平，似法。盈不求概，似正。淖约微达，似察。以出以入，以就鲜洁，似善化。其万折也必东，似志。是故君子见大水必观焉。」』

第九章

持而盈之①，不如其已②。揣而锐之③，不可长保。金玉满堂，莫之能守。富贵而骄，自遗其咎④。功遂身退⑤，天之道⑥。

【注释】

①持而盈之：手里拿的满了。持，手拿。

②不如其已：不如停止。其，语气助词。已，止。

③揣而锐之：锤击使工具尖锐。揣，捶击。之，指工具。

④咎：过失，灾祸。

⑤功遂身退：功业成就，就不再做官。遂，成功、实现。退，引退，指不做官。

⑥天之道：指自然规律。有版本在此三字后有『也』字。

【译文】

手里拿的满了，不如停止。锤击使工具锐利，但不能长久地保持。金子、玉石满屋子，却没有办法守住。富贵而且骄横，就是自己给自己留下祸根。功业成就，就不再做官，这是自然规律。

【解读】

本章提出满盈则止、功成身退的观点。这是一种现世的为人之道。

盈，就是过度、满溢。如果这时候不停止，就会留下祸患。功成也是盈的一种，所以功成之后就要收敛，不能再居功自傲，否则就会招致灾祸。这种例子历史上比比皆是。通常很少有人能透彻认识并做到这一点，所以老子要对世人发出警示。

第十章

载①营魄②抱一③，能无离乎？专气④致柔，能如婴儿乎⑤？涤除玄览⑥，能无疵乎？爱民治国，能无为⑦乎？天门⑧开阖⑨，能为雌⑩乎？明白四达，能无知⑪乎？

生之畜之。生而不有，为而不恃，长而不宰，是谓玄德⑫。

【注释】

①载：语气助词，相当于夫。

②营魄：即魂魄。

③抱一：合一。指魂魄合而为一。

④专气：积聚精气。专，抟，积聚。

⑤能如婴儿乎：能像婴儿一样吗？指婴儿充满精气，且无欲。如，有版本无此字。

⑥玄览：精妙深邃的镜子。览，鉴，镜子。此处作「览玄」解，即深入观察。

⑦为：一作「知」。

⑧天门：指耳、目、口、鼻等感官。此词解释有多种：一说治乱废兴的根源，一说自然之理，一说心神。

⑨开阖：开启与闭合，指动静。

⑩为雌：保持宁静。雌，宁静。

⑪知：同「智」，心智、心机。一作「为」。

⑫生之畜之。生而不有，为而不恃，长而不宰，是谓玄德：此句见于第五十一章，似为衍文。畜，养育。长，滋养万物。宰，主宰。

【译文】

魂与魄合而为一，能不分离吗？积聚精气导致柔顺，能像婴儿一样吗？清除杂念，深入观察心灵，能没有瑕疵吗？爱护百姓，治理国家，能无为吗？感官动静，能保持宁静吗？通晓天下的事，能不用心机吗？

生长万物，养育万物。生长万物却不占有，抚育万物而不自恃有功，养育万物却不主宰，这就叫作玄妙深邃的德。

【解读】

本章通过六个问句，讲述修身治国的六个方面。

虽然是问句，但实际包含了修身治国六个方面的内容及其答案。「营魄抱一」，要做到「无离」；「专气致柔」，要做到「如婴儿」；「涤除玄览」，要做到「无疵」；「爱民治国」，要做到「无为」；「天门开阖」，要做到「为雌」；「明白四达」，要做到「无知」。

第十一章

三十辐①共一毂②，当其无，有车之用③。埏埴④以为器，当其无，有器之用。凿户牖⑤以为室，当其无，有室之用。

故有之以为利，无之以为用。

【注释】

①辐：即辐条，车轮中连接轴心和轮圈的木条。

②毂：车轮中心的木制圆圈，中有圆孔，用于插车轴。

③当其无，有车之用：车毂中间空，才有车的作用。无，指毂的中间空的地方，即圆孔。

④埏埴：和土制作（器皿）。埏，用水和泥或土。埴，黏土。

⑤户牖：门窗。

【译文】

三十根辐条汇集在一个车毂中，当车毂中间空时，才有车的作用。用水和土制作器皿，当器皿中间空，才有器皿的作用。开凿门窗建造房屋，当房屋中间空时，才有房屋的作用。

因此，『有』给人便利，『无』发挥作用。

【解读】

本章提出『有』『无』都能发挥作用的观点。

本章用车、器皿、房屋为例，说明『有』发挥作用，显而易见；『无』发挥作用，易被忽视。老子认为，两者相互依存；尤其是『无』，在被人忽视中，却发挥着很大的作用。

第十二章

五色[1]令人目盲[2]，五音[3]令人耳聋[4]，五味[5]令人口爽[6]，驰骋[7]畋猎[8]令人心发狂[9]，难得之货令人行妨[10]。

是以圣人为腹[11]不为目[12]，故去彼[13]取此[14]。

【注释】

①五色：即青、黄、赤、白、黑，指缤纷的色彩。

②目盲：此处指眼花缭乱。

③五音：即宫、商、角、徵、羽，指纷杂的音乐声。

④耳聋：此处喻听觉不灵敏。

⑤五味：即酸、苦、甘、辛、咸，指多种多样的味道。

⑥口爽：口舌失去辨别味道的能力。爽，差失。

⑦驰骋：纵横奔跑，比喻恣意。

⑧畋猎：打猎。

⑨发狂：放荡而无法控制。

⑩行妨：行为不端，伤害他人。行，行为，一说操行。妨，伤害。

⑪腹：吃饱肚子，指安定知足。

⑫目：指声色的快感。

⑬彼：指前文『目』。

⑭此：指前文『腹』。

【译文】

缤纷的色彩，使人眼花缭乱；纷杂的音乐声，使人听觉不灵敏；多种多样的味道，使人口舌失去辨别味道的能力；恣意打猎，使人内心放荡而无法控制；难以得到的物品，使人行为不端，伤害他人。

因此，有道的人追求安定知足，不追逐声色的快感，所以摒弃物欲的诱惑，保持安定知足。

【解读】

本章提出摒弃物欲而保持内心安定知足的观点。

『五色』『五味』『五声』『畋猎』『难得之货』，在老子的眼中，都属于纵情声色的物欲追求，会让人的内心失去控制，因此需要保持安定知足，摒弃物欲。

第十三章

宠辱若惊[1]，贵大患若身[2]。

何谓宠辱若惊？宠为下[3]，得之若惊，失之若惊，是谓宠辱若惊。

何谓贵大患若身？吾所以有大患者，为吾有身，及[4]吾无身，吾有何患？

故贵以身为天下[5]，若[6]可寄天下；爱以身为天下，若可托天下。

【注释】

①宠辱若惊：宠爱和侮辱使人惊慌。若，而。

②贵大患若身：一说为『贵身若大患』倒置，即重视身体像重视大的祸患一样。一说重视大患就像珍视自己的身体一样，『大患』指前文『宠辱』。今从前说。

③宠为下：一作『辱为下』，一作『宠为上，辱为下』。下，下等，卑下。

④及：如果。

⑤贵以身为天下：为『以贵身为天下』倒置，即用重视身体的态度治理天下。为，治理。

⑥若：这样。

【译文】

宠爱和侮辱使人惊慌，重视身体像重视大的祸患一样。

什么叫作宠爱和侮辱使人惊慌？宠爱是下等的，得到宠爱使人惊慌，失去宠爱使人惊慌。这就叫作宠爱和侮辱使人惊慌。

什么叫作重视身体像重视大的祸患一样？我之所以有大的祸患，是因为我有身体；如果我没有身体，我有什么祸患呢？

因此，用重视身体的态度治理天下，这样天下就可以托付给他；用爱惜身体的态度治理天下，这样天下就可以托付给他。

【解读】

本章提出『贵身』的观点。

老子认为，只有『贵身』，才能在面临宠辱时保持内心的平静，不为外界所动摇。所以，只有『贵身』才能不胡作非为，这样的人才能治理国家，天下才可以托付给他。

第四十四章亦有『贵身』之说，可以参照。

第十四章

视之不见，名曰夷[1]；听之不闻，名曰希[2]；搏之不得，名曰微[3]。此三者不可致诘[4]，故混而为一。其上不皦[5]，其下不昧[6]。绳绳兮[7]不可名，复归[8]于无物[9]。是谓无状之状，无物之象。是谓惚恍[10]。迎之不见其首，随之不见其后。

执古[11]之道，以御今之有[12]。能知古始[13]，是谓道纪[14]。

【注释】

①夷：无色。
②希：无声。
③微：无形。
④致诘：深入追究。
⑤皦：光明。
⑥昧：阴暗。
⑦绳绳兮：接连不断。有版本无『兮』字。
⑧复归：回到。
⑨无物：没有具体形状的物体。
⑩惚恍：指若有若无。
⑪古：古时，指早已存在。
⑫有：指具体事物。
⑬古始：古代的开始，指宇宙的原始，或道的初始。
⑭纪：纲纪，指规律。

【译文】

看它看不见，名字叫作夷；听它听不到，名字叫作希；摸它摸不到，名字叫作微。这三个的形状不能深入追究，因此融合在一起，成为一体。它的上面没有光明，它的下面没有阴暗。它接连不断，却不能描述；运动又回到没有具体形状的物体的状态。这就是没有形状的形状，没有具体形状的物体的形象，这就是若有若无。迎着它，看不见它的前面；跟着它，看不见它的后面。

用早已存在的道，来驾驭现在的具体事物。能认识宇宙的原始，这就叫作道的规律。

【解读】

本章描述道的本质。

道若有若无，『视之不见』『听之不闻』『搏之不得』，但又浑然一体。同时，道又确实存在。这就是道的『无状之状，无物之象』。道的这种超验的本质，是用来认识世界、把握世界的规律和原理。

第十五章

古之善为士者①，微妙玄通②，深不可识。

夫唯不可识，故强为之容③：

豫兮若冬涉川④，犹兮若畏四邻⑤，俨兮其若客⑥，涣兮其若释⑦，敦⑧兮其若朴⑨，旷⑩兮其若谷，混⑪兮其若浊。

孰能⑫浊以静之徐清？孰能安以动之⑬徐生？

保此道者，不欲盈⑭。夫唯不盈，故能蔽而新成⑮。

【注释】

①善为士者：善于实践道之士。士，一作『道』。

②玄通：与天相通。玄，此处指天。通，一作『达』。

③容：描述。

④豫兮若冬涉川：小心谨慎啊，像冬天涉足江河。豫，指迟疑不决。

⑤犹兮若畏四邻：警觉戒备啊，像畏惧四周的攻击。犹，指警觉戒备。一作『猶』。

⑥俨兮其若客：恭敬庄重啊，像宾客。其，语气助词。客，一作『容』，似误。

⑦涣兮其若释：舒缓洒脱啊，像冰融化。涣，散开，指舒缓悠闲，诸说不一。此句一作『涣兮若冰之将释』，一作『涣呵其若凌释』。

⑧敦：诚恳厚道。

⑨朴：指没有经过加工的木材。

⑩旷：开阔豁达。

⑪混：同『浑』，纯厚朴实。

⑫孰能：谁能够。有版本无此二字。

⑬安以动之：一作『安以久动之』。

⑭不欲盈：不求自满。一作『不欲尚呈』。

⑮蔽而新成：吐故纳新。蔽，旧的。而，一作『不』。

【译文】

古时善于行道的人，精微玄妙、与天相通，深刻而难以理解。正因为难以理解，所以勉强地将他形容为：

小心谨慎啊，像冬天涉足江河；警觉戒备啊，像畏惧四周的攻击；恭敬庄重啊，像宾客；舒缓洒脱啊，像冰融化；诚恳厚道啊，像没有经过加工的木材；开阔豁达啊，像山谷；纯厚朴实啊，像不清的水。

谁能够使不清的水安静下来，慢慢地澄清？谁能够使安静变动起来，慢慢地萌发生机？

保持这些道理的人，不求自满。正因为他不求自满，所以能够吐故纳新。

【解读】

本章描述善于行道的人。

善于行道的人具有七个特点：『豫』『犹』『俨』『涣』『敦』『旷』『混』。尽管道精深玄妙、若有若无，但善于行道的人却敦厚朴实、开阔豁达，既谨慎警觉，又恭敬洒脱。只有这样，才能做到不自满，才能做到具有创造性，在『无为』中萌发生机。

第十六章

致虚极，守静笃①，万物并作②，吾以观复③。

夫物芸芸，各复归其根④。归根曰静，静曰⑤复命⑥。复命曰常⑦，知常曰明⑧。不知常，妄作凶⑨。

知常容⑩，容乃公⑪，公乃全⑫，全乃天⑬，天乃道，道乃久，没身不殆⑭。

【注释】

①致虚极，守静笃：做到空明的极点，保持清净的笃定。致，做到。

②作：生长。

③复：循环往复，指循环往复的道理。

④夫物芸芸，各复归其根：一作『天道员员，各复其堇』。芸芸：众多。

⑤静曰：一作『是谓』。

⑥复命：回归本原，孕育生命。

⑦常：规律。

⑧明：明白。

⑨凶：祸乱。

⑩容：包容。

⑪公：公正。

⑫全：周到。一作『王』。

⑬天：自然。

⑭没身不殆：终身没有危险。此句亦见于第五十二章。

【译文】

做到空明的极点，保持清净的笃定。万物一齐生长，我用它考察循环往复的道理。

万物众多，各自回到它的本原。回到本原叫作清静，清静叫作回归本原、孕育生命。回归本原、孕育生命叫作规律，认识规律叫作明白。不认识规律，轻举妄动就会有祸乱。

认识规律就包容，包容就公正，公正就周全，周全才符合自然，符合自然才能符合道，符合道才能长久，终身没有危险。

【解读】

本章提出『致虚守静』及『归根』『复命』的观点。

老子认为，只有做到『致虚守静』，才能认识和遵循万物变动的规律；只有做到『致虚守静』，才能符合道，从而远离祸乱、保持安全。

『归根』是『复命』的一部分，两者是不可分割的整体。『复命』并不是回到生命，而是回到本原、孕育生命。只有回到本原，才能孕育生命，显露生机。

第十七章

太上①，不知有之②。其次，亲而誉之。其次，畏之。其次，侮之。信不足焉，有不信焉③。悠④兮其贵言⑤。功成事遂，百姓皆谓：我自然⑥。

【注释】

①太上：最上、最好，指最好的统治者。一说指最好的时代。

②不知有之：百姓不知道他的存在。不，一作『下』。

③信不足焉，有不信焉：统治者诚信不足，百姓就有不相信他的。

④悠：一作『犹』，一作『由』，同。

⑤贵言：不轻易发布政令。贵，珍惜。

⑥自然：本来这样。然，这样，一说成。

【译文】

最好的统治者，百姓不知道他的存在。其次的统治者，百姓亲近他并称赞他。再次的统治者，百姓畏惧他。更次的统治者，百姓轻蔑他。统治者诚信不足，百姓就有不相信他的。最好的统治者悠然啊。他不轻易发布政令。功业建立，事情完成，百姓都说：我本来就这样。

【解读】

本章将统治者划分为四类，并提出理想中的政治状况。

在老子眼中，最好的统治者，百姓不知道他的存在；其次是百姓亲近并称赞他；再次是百姓畏惧他；最坏的是被百姓轻蔑。这是『无为』的体现。最好的统治者，不轻易地发布政令，就能使国家得到治理，实现『无为而治』。这也是老子理想中的政治状况。

第十八章

大道废，有仁义①；六亲②不和，有孝慈③；国家昏乱，有忠臣。

【注释】

①大道废，有仁义：大道废弛，才需要提倡仁义。大道，即道。有仁义，一作『安有仁义』。有版本在此句后有『智慧出，有大伪』句，似为衍文。

②六亲：指父、子、兄、弟、夫、妇。

③孝慈：对上孝顺，对下慈爱。

【译文】

大道废弛，才需要提倡仁义；父、子、兄、弟、夫、妇不和好，才需要提倡对上孝顺、对下慈爱；国家黑暗混乱，才需要提倡做忠臣。

【解说】

本章提出国家、社会混乱的解决办法。

老子提出针对三种情况：大道废弛，六亲不和，国家混乱，提出相应的解决办法：提倡仁义，提倡孝顺慈爱，提倡做忠臣。这既是针对问题的解决办法，也是说明两者之间是对立统一的关系。

第十九章

绝智弃辩①，民利百倍；绝伪弃诈②，民复孝慈；绝巧③弃利，盗贼无有。此三者④以为文⑤，不足⑥。故令有所属⑦：见素抱朴⑧，少私寡欲⑨。

【注释】

①绝智弃辩：放弃聪明，抛下巧辩。一作「绝圣弃智」。

②绝伪弃诈：放弃虚假，抛下欺骗。一作「绝仁弃义」。

③巧：诡诈。

④此三者：指前文智与辩、伪与诈、巧与利。

⑤文：表面。

⑥不足：即不足为治。

⑦令有所属：即令人有所属。属，归属。

⑧见素抱朴：指保持质朴的本色。见，呈现。素，没有染色的生丝。素、朴均指质朴的本色。

⑨少私寡欲：有版本将第二十章开头「绝学无忧」置于此四字后。

【译文】

放弃聪明，抛下巧辩，百姓可以得到百倍的好处；放弃虚假，抛下欺骗，百姓可以恢复孝顺、慈爱；放弃诡诈，抛下图利，就会没有盗贼。聪明与巧辩、虚假与欺骗、诡诈与图利，这三者是表明形式，不足以用来治理国家。所以要让人有所归属：保持质朴的本色，减少私念与欲望。

【解读】

本章提出治理国家的办法，并提出「见素抱朴」的观点。

民无利、无孝慈、盗贼起，是当时社会的普遍现象，老子提出绝智弃辩、绝伪弃诈、绝巧弃利三种解决办法。智与辩、伪与诈、巧与利的根源都在于人，所以要让人「见素抱朴」「少私寡欲」，才能从根本上解决问题。

第二十章

绝学无忧①。唯之与阿②，相去几何？美③之与恶，相去若何？人之所畏，不可不畏④。荒兮⑤，其未央⑥哉！

众人熙熙⑦，如享太牢⑧，如春登台⑨。我独泊⑩兮，其未兆⑪，如婴儿之未孩⑫。傫傫⑬兮，若无所归。众人皆有余，而我独若遗⑭。我愚人⑮之心也哉！沌沌⑯兮！俗人昭昭⑰，我独昏昏⑱；俗人察察⑲，我独闷闷⑳。

澹㉑兮其若海，飂㉒兮若无止。众人皆有以㉓，而我独顽且鄙㉔。

我独异于人，而贵食母㉕。

【注释】

①绝学无忧：放弃投机取巧的学问，就没有困扰。学，一说为学习；一说与『绝』组成一个词，为至深的学问。忧，扰。

②唯之与阿：唯，恭敬谦卑的答应声。阿，怠慢的答应声。之，语气助词。

③美：一作『善』。

④人之所畏，不可不畏：别人所畏惧的，自己不能不畏惧。一作『人之所畏，亦不可以不畏人』。

⑤荒兮：一说指前文所说的情况，一说指精神。今从后说。荒，广阔辽远。

⑥未央：没有尽头。

⑦熙熙：高兴的样子。

⑧享太牢：指参加盛宴。太牢，古代牛、羊、猪三牲具备的祭祀。

⑨春登台：春天登上高台观赏景色。一作『如登春台』。

⑩泊：淡泊。

⑪未兆：没有迹象，指不动声色。

⑫孩：同『咳』，孩子笑。

⑬傫傫：沮丧失意的样子。

⑭遗：不足。

⑮愚人：形容质朴的状态。

⑯沌沌：浑沌无知的样子。

⑰昭昭：清楚明白的样子。

⑱昏昏：糊涂无知的样子。

⑲察察：精明严厉的样子。

⑳闷闷：迷迷糊糊的样子。

㉑澹：一说沉静，一说辽阔。今从前说。

㉒飂：风疾的样子，指飘逸。

㉓以：用，指作为。

㉔顽且鄙：愚钝而且粗劣。且，一作『似』。

㉕贵食母：认为用道重要。食，用。母，指道。

【译文】

放弃投机取巧的学问，就没有困扰。恭敬

谦卑的答应声与怠慢的答应声，相差多少？美好与丑恶，相差多少？人们所畏惧的，我不能不畏惧。

精神广阔辽远啊，像没有尽头！

众人都兴高采烈，如同参加盛宴，如同在春天登上高台观赏景色。我独自淡泊，不动声色，如同婴儿不知道笑。

沮丧失意啊，好像没有归处。众人都有所剩余，而我唯独好像不足。我只有一颗像愚人那样的心啊！浑沌无知啊！

世俗的人清楚明白，我唯独糊涂无知；世俗的人精明严厉，我唯独迷迷糊糊。

沉静啊，像深沉的大海；飘逸啊，像没有止境。众人都有作为，而唯独我愚钝而且粗劣。

唯独我与众人不同，而认为用道重要。

【解读】

本章将『俗人』『众人』与『我』作了区分。

『俗人』『众人』追求声色货利、投机取巧，『我』却愚昧无知、笨拙质朴。这当然是老子为了与世俗区分而故意自我贬低，其真正的内涵是不随波逐流，保持清净淡泊。

第二十一章

孔德之容①，唯道是从②。

道之为物③，唯恍唯惚④。惚兮恍兮，其中有象⑤；恍兮惚兮，其中有物⑥。窈兮冥兮⑦，其中有精⑧；其精甚真，其中有信⑨。自今及古⑩，其名不去，以阅众甫⑪。吾何以知众甫之状哉？以此⑫。

【注释】

①孔德之容：大德的形态。孔，大。

②唯道是从：只要是道，就服从。指由道决定。

③道之为物：道作为事物。一作『道之物』。

④唯恍唯惚：恍、惚指不清楚，作若有若无理解。

⑤象：迹象。

⑥物：实物。

⑦窈兮冥兮：深远幽暗啊。窈，同『杳』。

⑧精：精质，物质最微小的部分。

⑨信：实存之体。一说信验。

⑩自今及古：一作『自古及今』。

⑪以阅众甫：用来观察万物的起始。阅，观察。甫，一作『父』，同。

⑫此：指道。

【译文】

大德的形态，由道决定。

道作为事物，只有恍惚。惚惚恍恍啊，其中有迹象；恍恍惚惚啊，其中有实物。深远幽暗啊，其中有精质；这个精质很真实，其中有实存之体。

从当今到古代，它的名字不能消除，用它来观察万物的起始。我怎么能知道万物起始的情况呢？用道认识。

【解读】

本章继续阐述道为何物。

老子明确提出，道是最微小的物质。虽然无形，但其中『有物』『有象』『有精』『有信』；虽然『恍惚』，但是万物的起始。所以，世间的『德』，也是由道所决定的，也是道的一种表现形式。

第二十二章

曲则全①，枉则直②，洼则盈，敝则新，少则得，多则惑。

是以圣人执一③，为天下式④。不自见⑤，故明；不自是，故彰；不自伐⑥，故有功；不自矜，故能长。

夫唯不争，故天下莫能与之争。古之所谓曲则全者，岂虚言哉！诚全而归之⑦。

【注释】

①曲则全：委曲就会保全。

②枉则直：弯曲就会伸直。

③执一：坚持道。一，指道，此处可理解为前文所陈述的内容。

④式：范式。

⑤自见：自我表现。

⑥伐：夸耀。

⑦诚全而归之：此句意思有三：一说确实能保全而达到『曲则全』，『之』为前文『曲则全』；一说确实能保全而善终，『之』为生命的原初；一说为实，全而归之。今从第一种说法。

【译文】

委曲就会保全，弯曲会能伸直；低洼就会充满，陈旧就会更新；少取就会得到，贪多就会迷惑。

因此有道的人坚守这一原则，当作天下事理的范式。不自我表现，所以显明；不自以为是，所以彰显；不自我夸耀，所以有功；不自我矜持，所以长久。

正因为不和人争，所以天下没有人能与他争。古时所谓委曲就会保全的话，怎么是空话呢！确实能达到这一点。

【解读】

本章从事物转化关系的角度，论证『不争』。

老子提出，人们应该在『曲』中把握『全』，在『枉』中把握『直』，在『洼』中把握『盈』，在『敝』中把握『新』，这样才能把握事物的关键，静观待变，在『不争』中达到目标。

第二十三章

希言①自然。故飘风不终朝②，骤雨不终日。孰为此者？天地。天地尚不能久，而况于人乎？

故从事于道者，同于道③；德者④，同于德；失者⑤，同于失。同于德者，道亦得之；同于失者，道亦失之⑥。

信不足焉，有不信焉⑦。

【注释】

①希言：少发布政令。希，同『稀』。

②飘风不终朝：大风不会刮整个早晨。飘风，大风，一说比喻暴政。

③同于道：一作『道者同于道』。『道者』似为衍文。

④德者：指从事于德者。

⑤失者：指失道者或失德者。

⑥同于德者，道亦得之；同于失者，道亦失之：此句各版本多有不同。

⑦信不足焉，有不信焉：此句见于第十七章。

【译文】

少发布政令，合乎自然。因此大风不会刮整个早晨，暴雨不会下一整天。谁造成这样的呢？是天地。天地刮大风、下暴雨尚且不能长久，何况人呢？

因此从事于道的人，与道一致；从事于德的人，与德一致；失去道或失去德的人，就会丧失所有。与德一致的人，道也会眷顾到他；与失去一致的，道也会抛弃他。

统治者诚信不足，百姓就有不相信他的。

【解读】

本章提出『希言自然』的观点，与第十七章相呼应。

老子用自然界的狂风暴雨作比喻，然后通过比较有道、有德的人与失道、失德的人的不同结局，论证实施暴政的统治者不会长久。

第二十四章

企①者不立，跨②者不行③，自见者不明，自是者不彰，自伐者无功，自矜者不长。其在道也，曰余食赘形④。物或恶之，故有道者不处⑤。

【注释】

①企：踮起脚跟。一作『支』。

②跨：跨步走。

③行：走，指走不远。

④余食赘形：吃剩的饭食，身上的赘疣。形，一作『行』。

⑤物或恶之，故有道者不处：众人都厌恶它，因此有道的人不使用它。物，指众人。此句亦见于第三十一章。

【译文】

踮起脚跟的站不住，跨步走的走不远。自我表现的不能显明，自以为是的不能彰显，自我夸耀的不能建功，自我矜持的不能长久。从道的角度看，这些行为可以说是吃剩的饭食、身上的赘疣。众人都厌恶它，因此有道的人不使用它。

【解读】

本章内容部分见于第二十二章，仍是第二十二章所提『不争』观点的延伸。

在老子看来，『企者』『跨者』『自见者』『自是者』『自伐者』『自矜者』，都是『争』的表现，『争』就违背了自然，所以必将失败。

第二十五章

有物混成①，先天地生。寂兮寥兮②，独立不改③，周行而不殆④，可以为天下⑤母。吾不知其名，强字之⑥曰道，强为⑦之名曰大。大曰逝⑧，逝曰远，远曰反⑨。

故道大，天大，地大，人⑩亦大。域⑪中有四大，而人居其一焉。

人法⑫地，地法天，天法道，道法自然⑬。

【注释】

①有物混成：有一个东西混然而成一体。物，一作『状』。

②寂兮寥兮：没有声音啊，没有形体啊。寥，空虚。

③独立不改：独自存在而不变化。改，一作『亥』。

④周行而不殆：循环往复地运行而不停止。周行，一说循环运行。有版本无此句。

⑤天下：一作『天地』，意同。

⑥强字之：勉强给它取名字。字，取名。有版本无『强』字。

⑦为：与前文『字』同，取名字。

⑧逝：运行不停。

⑨反：返回本原。

⑩人：一作『王』。下一句『人』，一作『王』。

⑪域：指宇宙。

⑫法：法则，作动词用。

⑬道法自然：道以自然为法则，一说道自然如此。

【译文】

有一个东西混然而成一体，在天地之前就存在。它没有声音啊，没有形体啊，独自存在而不变化，循环往复地运行而不停止，可以作为天地万物的根本。我不知道它的名字，勉强给它取名字叫道，勉强给它取名字叫大。它广大无边而运行不停，运行不停而延伸遥远，延伸遥远而返回本原。

因此道大，天大，地大，人也大。宇宙中有四大，而人居其中之一。

人以地为法则，地以天为法则，天以道为法则，道以自然为法则。

【解读】

本章提出关于道的六个特征：

道是混然而成一体，即『有物混成』；在天地之前就存在，是天地万物的根本；独立存在，不依赖其他任何事物；循环往复地运行而不停止，不会因为运行而变化；既无声、无形，又无法命名；以『大』为特征，广大无边直至返回本原。

第二十六章

重为轻根，静为躁君①。是以君子②终日行不离辎重③。

虽有荣观④，燕处⑤超然⑥。奈何万乘之主⑦，而以身轻天下⑧？

轻则失根⑨，躁则失君。

【注释】

①静为躁君：安静是躁动的主宰。躁，动。君，主宰。

②君子：一作『圣人』。

③辎重：古时军队中运载物资的车辆。

④荣观：高大的楼观。指华丽的生活。

⑤燕处：平静地对待。燕，安。

⑥超然：超脱。此句有断句为『虽有荣观燕处，超然』，亦通。

⑦万乘之主：有一万辆兵车国家的君主。指大国的君主。乘，兵车。

⑧以身轻天下：一说治理天下而轻视自己的生命；一说以自身为重，以天下为轻。今从后说。

⑨根：一作『本』，意同。一作『臣』。

【译文】

厚重是轻浮的根本，安静是躁动的主宰。因此，君子整天行走，不离开装载物资的车辆。虽然有高大的楼观，却能平静地对待，采取超脱的态度。有一万辆兵车的国家君主，怎么能以自身为重、以天下为轻呢？轻浮就会失去根本，躁动就会失去主宰。

【解读】

本章提出『轻』『重』与『躁』『静』两组概念。

老子主张『重』『静』，批评『轻』『躁』，并以此对大国之君进行规劝。

第二十七章

善行无辙迹①，善言无瑕谪②，善数③不用筹策④，善闭无关楗⑤而不可开，善结无绳约⑥而不可解。

是以圣人常善救人⑦，故无弃人；常善救物，故无弃物。是谓袭明⑧。

故善人⑨者，不善人之师；不善人者，善人之资⑩。不贵其师，不爱其资，虽智大迷，是谓要妙⑪。

【注释】

①善行无辙迹：善于行走，没有痕迹。辙迹，车轮的痕迹。

②瑕谪：过失。

③数：计算。

④筹策：筹码。古时计数、计算的用具。

⑤关楗：关门的木栓。横的为关，竖的为楗。一作『关籥』，一作『关键』。

⑥绳约：即绳索。

⑦救人：用人，即使人尽其才。

⑧袭明：隐藏聪明才智。一说按照常道做，『明』为常道的意思。

⑨善人：善良的人。

⑩资：借鉴。

⑪要妙：精要玄妙。

【译文】

善于行走，没有痕迹；善于言谈，没有过失；善于计算，不用筹码；善于关闭，不用木栓就使人打不开；善于捆缚，不用绳索就使人解不开。

因此，有道的人永远使人尽其才，所以没有被遗弃的人；永远使物尽其用，所以没有废弃物。这就叫隐藏着聪明才智。

因此，善良的人，可以做不善良的人的老师；不善良的人，可以做善良的人的借鉴。不尊重他的老师，不珍惜他的借鉴作用，虽然自以为聪明，却是大大的糊涂。这就是精要玄妙的道理。

【解读】

本章继续阐释『无为』的思想。

『善行』『善言』『善数』『善闭』『善结』均是比喻，实质是善于推行『无为』之政。做到『无为』，就可以实现『无弃人』『无弃物』，就可以客观对待『善人』『不善人』。

第二十八章

知其雄①，守其雌②，为天下溪③。为天下溪，常德不离，复归于婴儿④。

知其白⑤，守其黑⑥，为天下式⑦。为天下式，常德不忒⑧，复归于无极⑨。

知其荣⑩，守其辱，为天下谷⑪。为天下谷，常德乃足，复归于朴⑫。

朴散则为器⑬，圣人用之，则为官长⑭。故大制不割⑮。

【注释】

①雄：指刚强。

②雌：指柔弱。

③溪：同「蹊」，蹊径。一说沟溪。

④婴儿：指婴儿充满精气、无欲的状态。

⑤白：洁白。

⑥黑：昏昧。

⑦式：范式。

⑧忒：差错。

⑨无极：没有极限，指自然状态，即道。此词各家解说不一。

⑩知其荣：一说此句与前文「守其黑，为天下式。为天下式，常德不忒，复归于无极」乃后人增补。

⑪谷：谷地，比喻胸怀广阔。

⑫朴：指本初纯朴的状态。

⑬朴散则为器：意同道生万物。器，万物。

⑭官长：百官的首长，指君主。

⑮大制不割：完整的政治不割裂。制，制作器物，指政治。一说完善的制度不伤害百姓。

【译文】

知道刚强，保持柔弱，做天下的路径。做天下的路径，永恒的德行不会离失，再回归到婴儿的状态。

知道洁白，保持昏昧，做天下的范式。做天下的范式，永恒的德行不会差错，再回归到没有极限。

知道荣耀，保持耻辱，做天下的谷地。做天下的谷地，永恒的德行才充足，再回归到本初纯朴的状态。

本初纯朴的状态分散，形成万物，有道的人使用它，就成为百官的首长。因此完善的政治不割裂。

【解读】

本章阐释如何回归道。

「婴儿」「无极」「朴」都是自然，也即道。知雄守雌、知白守黑、知荣守辱，就可以返朴归真，回到道。这其实也是不争，是「无为」的表现。

第二十九章

将欲取①天下而为②之，吾见其不得已③。天下神器④，不可为也，不可执也⑤。为者败之，执者失之。

故物⑥或行或随，或嘘⑦或吹⑧，或强或羸，或培或堕⑨。

是以圣人去甚⑩，去奢，去泰⑪。

【注释】

①取：治理。

②为：指强力统治。

③不得已：达不到目的。

④天下神器：意为『天下乃神器』。天下，指天下人。神器，神圣的物。

⑤不可执也：有版本无此句。执，掌控。

⑥物：指天下人。

⑦嘘：缓缓地出气。一作『歔』。

⑧吹：用力地出气。

⑨或培或堕：有的成长，有的毁灭。一作『或挫或隳』，一作『或载或隳』。

⑩甚：极端。

⑪泰：极、太，指过分。

【译文】

想要治理天下，却强力统治，我认为他达不到目的。天下人是神圣的，不能强力统治，不能强力掌控。强力统治的，一定会失败；强力掌控的，一定会失去。

因此，天下人秉性不一，有的前行，有的跟随；有的缓慢，有的着急；有的刚强，有的羸弱；有的成长，有的毁灭。

所以有道的人要去除极端，去除奢侈，去除过度。

【解读】

本章从反面阐述『无为』。

强力统治，是『无为』的反面。这就违背了自然的规律，必然会导致失败。人具有多样性和差异性，有道的人去除极端的、过度的措施，顺应自然，因势利导。

第三十章

以道佐人主者，不以兵强天下。其事好还①。师之所处，荆棘生焉。大军之后，必有凶年②。善有果③而已，不敢以④取强。果而勿矜，果而勿伐，果而勿骄，果而不得已⑤，果而勿强。物壮则老⑥，是谓不道，不道早已⑦。

【注释】

①其事好还：用兵这件事常常得到报应。好，经常。还，报应。

②大军之后，必有凶年：大战之后，一定出现荒年。有版本无此二句。

③善有果：善于用兵达到目的。果，结果。

④不敢以：为『不敢以兵』的省略。一作『毋以』。敢，一说为衍文。

⑤不得已：无可奈何。

⑥物壮则老：事物强盛就会衰败。壮，强盛。

⑦已：终结。

【译文】

用道辅佐君主的，不用兵力逞强于天下。用兵这件事，常常得到报应。军队所到的地方，荆棘横生。大战之后，一定出现荒年。

善于用兵的人，达到目的就可以了，并不用兵力逞强。达到目的却不矜持，达到目的却不夸耀，达到目的却不骄傲，达到目的却出于无可奈何，达到目的却不逞强。

事物强盛就会衰败，这就是不符合道，不符合道就会很快终结。

【解读】

本章提出反对用兵的观点。

用兵和战争给人们带来的后果很严重，显然是有违道的。老子同时提出用兵的限度：『有果而已』。如果超出这个限度，就走到了道的反面，最终只能是失败。

第三十一章

夫兵者①，不祥之器。物②或恶之，故有道者不处③。

君子居④则贵左⑤，用兵则贵右。兵者，不祥之器，非君子之器。不得已而用之，恬淡⑥为上。胜而不美，而美之者，是乐杀人。夫乐杀人者，则不可以得志⑦于天下矣。

吉事尚左，凶事尚右。偏将军⑧居左，上将军⑨居右，言以丧礼处之。杀人之众，以悲哀⑩泣⑪之，战胜以丧礼处之。

【注释】

①夫兵者：一作『夫佳兵者』。兵者，指兵器。

②物：指人。有版本无此字。

③故有道者不处：一作『故有欲者弗居』。处，使用。

④居：平时。

⑤贵左：以左边为贵。

⑥恬淡：安然淡泊。

⑦得志：实现志愿，指获得成功。

⑧偏将军：军官名，系将军的辅佐。

⑨上将军：高级军官名，系统帅。

⑩悲哀：一版本作『哀悲』。

⑪泣：哭泣。一说为『莅』，对待。

【译文】

兵器，是不吉利的东西。人们都厌恶它，所以有道的人不使用它。君子平时以左边为尊贵，用兵打仗时以右边为尊贵。兵器，是不吉利的东西，不是君子所使用的东西。无可奈何才使用它，安然淡泊对待它最好。胜利了不要得意，如果因对胜利得意，是喜欢杀人。喜欢杀人的，就不可能在天下获得成功。

吉庆的事情以左边为尊贵，凶丧的事情以右边为尊贵。偏将军居于左边，上将军居于右边，这是说用丧礼的仪式处理用兵打仗。作战中杀人众多，用哀痛的心情为他们哭泣；打了胜仗，用丧礼的仪式去处理。

【解读】

本章从对待战争方式的角度，阐释反对战争，是第三十章的延伸。

老子认为，兵器是不吉利的东西，所以有道的人不使用它，君子则在万不得已的时候才使用它。战争造成严重的后果，无论胜利还是失败，都要用丧礼的仪式处理。同时，老子提醒那些好战者，喜欢杀人是不会成功的。

线装国学馆

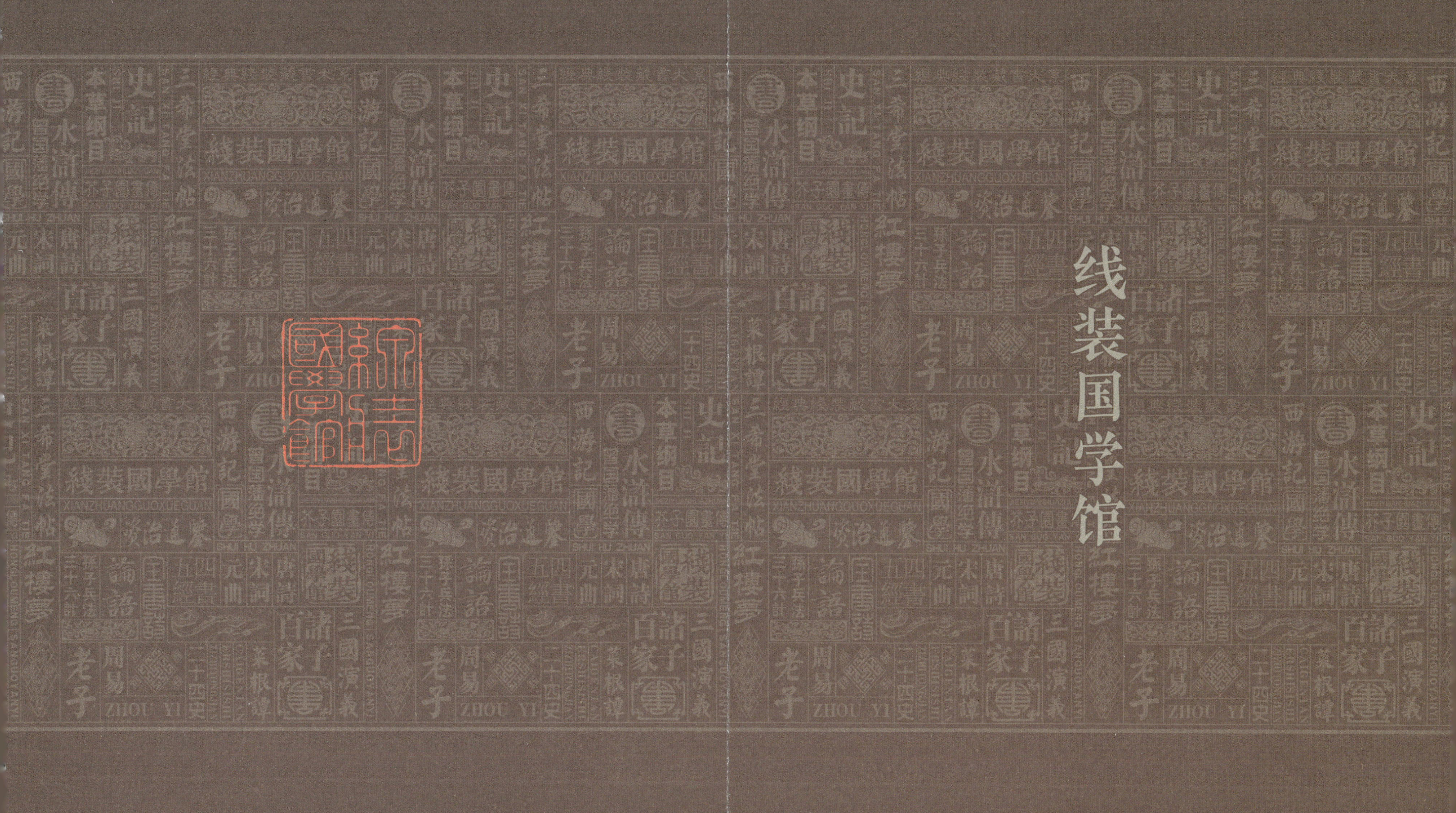